Réfléchi

On krèy poèm

Joël Perrot

Copyright © Joel Perrot, 2022
Copyright © Illemoun, 2022

info@illemoun.com

Dépo légal : Nov 2022

ISBN: 978-2-9562373-4-1

Dwa résèwvé. Ki sa ki rèprézantasyon, mofwazaj, adaptasyon oben rèpwodiksyon pa nenpòt ki mannyè é menm pa zing défandi kalanswa péyi-la si dayè-pouyonn pa ni on lotorizasyon maké a mèt a liv-la.

Tout non a moun, pèsonaj, lantoupriz, évènman, é ensidan a liv-lasa swa sé on pwodui a imajinasyon a maké-la, swa ka sèvi on larèl fiktiv. Tout dòt rèsanblans épi on moun ka èzisté ou té ké ka èkzisté, ou évènman réyèl pé piwman yenki on koyensidans.

Ba gangann é ba nanm.
　　Ba rasin é ba kò.

LIV A MENM MAKÈ-LA

Soufriyè A Santiman
Édisyon Illemoun, 2022

On rèv Savann Pou Krab Solèy
Édisyon Illemoun, 2017

Une Savane De Rêve Pour Les Crabes Soleil
Édisyon Illemoun, 2017

A Savannah Dream For The Sun Crabs
Édisyon Illemoun, 2017

Fasadaj
Asi on bannzil ki kité pòt a-y ouvè,
Édisyon Gwosiwo Press, 2008

Lapli an fon a Man Rat
Édisyon Gwosiwo Press, 2006

Kléopatra de Karukéra
Édisyon Gwosiwo Press, 2005

Réfléchi

1
Éko An-Mwen

Ba kò 'an bann   woté kabann déwò
Las véyé sòlèy ka véyé lalin
Mété ba a pòt   kòchté pòt
Garé on ti wopso   a dé adélala

2
Jan Denndé ka Chofé

Toupatou twa-twa
Men anbout a ti souf
A van ki k'alé
Rété on dènyé ti flè
Toupré solèy a bwa
Awè   an kontan santi-y
Awi   an kontan di-y
Hak pa'a f'an pè
An byen kontan lavi
Pé ba on nonm   on kè.

3

An lèspri An-Mwen On Zétwal Filé
An lèspri A-Yo On Sèvolan Opiyaj

Ès pou yonn   Ès pou dé
Ès pou pété fal an-mwen-la
      Kalbas vèt ka tonbé
      Lò sa ki sèk   ka rété pann
Ès pou yonn ki kon mwen
Ès ou pé konprann-mwen
      Sa pwononsé sitèlman fò   non a joli-vèt
      Pou tout kout yann yo fè   ka palé
É yo dépalé toulongalé   koté vyé jou a-yo
Konté vyé jou a-yo   tout vyé jou a-yo
Kontré andidan vyé tou   tout malfétè a-yo
      Yo vwè difé a-yo ka désann asi yo
Non   pa ni hak pou yo   an pa ni hèn kont yo
      Sé twòp   ki si   nanm a-yo.

4
Mwen Rans

Alé jouné alé   ba-y
Pa tini ba lari chenn   pa ni hak ki dévenn
Tibèt-la transandé chè a bwa
Kon pyès pa ni   i tini mwens ka pòté chaj
I té byen fè-y chini
        Men chini pa k'ay lwen
           Siwvwè pyébwa pa toupré toupré
           Tan pouki   biten a-y ka wouvin kon zé
Atann   épi vwè
On dézyèm fwa mofwazé   atann a-y   épi vwè
Oti   tout bonnè ka pran zèl
Lèwvwè lèspri-la ki lèspri travèsé-y.

5
Marisimòn

On koté sizo, é dé pikan
Ka touné tèt an-mwen pa foukan
Lévé zòyé a plim pa twòp tizozyo
Kenbé la douvan-la douvan an-mwen
Ni on lidé ka fè mèt a-y kòné
Mèt a luil gonmbo tout anmitan dé zyé
Rivé-la, ké rivé la
Adoumanman
És waka san traka ?

6
Sofi

Sofi Mòdé Zouti
Zouti filé ka fè maji a lafimé
Menm rèv-la té an siflèt a sikriyé
On ti kont té vé-w ka pran zèl siwvolé
On kabann an mozayik plen flè
    Ka pou pa fè pou pa mèt vou anfè ?
        Sé pri ou ja pri   an maji a zouti filé la
        Pran tan réponn lidé a-w ki lidé a-w
        Ki douvan ki dèyè pawòl a-w
Tout fò ou fò
        Fè fòs gadé dé lanmen asi kè a-w
            Ou ké tann si dé lanmen a-w
                Ki ja byen la pa janmen las
                    bouché dé zorèy a-w
                tout kamo a on ti kont a kè wouvè.

7
Sété On Jou

Si ou sé miyèl, an sé gèp
Maré-tèt pran on mòd
Ou té'é tousèl, an té'é tousèl
An té ké vlé-nou tou bèl
Plis ka sanm
Ka pran bèl ri antout lari
Ki té anvil Lapwent a 1942
Menm apré karé madras pèd Lapwent
Nou té ké a dé ka di yo
Ou sé miyèl, an sé gèp
Kontèl idantité an-nou 'chè !

8
A Pa Yenki Nwasè An Gran Savann La

Pa chèché étenn débouya
Pa mèt fantòm a mabouya
An gou a swé ki vlé vwè dèmen
An pa té anvi tann an pa sokodong, pyès !
Dévwè la. Pa rété la. Pa vin la.
Dé lanmen an-mwen an kè an-mwen
Tousèl tousèl pé pa woutyenn tout péyi-la
Ka ki dèyè mwen ? Ka ki douvan mwen ?
A pa yenki nwasè an gran savann la.

9
Gòl A Doukou

On syèl a òwlojyé ki gran é fò
I pa la ni pou plè, ni pou déplè
Syèl-la sé on kontè, on makè
I tin konprinèt é konnèt pakè
I pa mèt ni mèt ni kontrèmèt
Ka ki anba-y, ka ki sign a-y, ka ki nanm a-y ?
Sèl mètamannyòk, sé-y ki ka montré dwèt
Gadé byen é pa las gadé
Syèl-la ka di-mwen prangad !
Menmsi i sé on kamarad.

10
Sitwon Nwè

Sitwon nwè   sitwon sèk
Fo pa on yann kochi on larèl
Ki té pé touvé-y chajé é sa ki bèl
Ou pa jan savé
Lèspwa-la jénès-la tini la pa mové !
Menmsi on pyébwa pa'a pòté
Òksijèn i ka ba-w ou pé'é pé konté
Tout lavi ki an pwofitaj a-y
Alòs   poulòs   é poulòsdonk
Rèpanti-w   Réyenkawné-w   Rèsiklé-w
An bon biten plito   avan twota baré-w.

11
Bastè

Pas ou tèlman lwen
Kou-lasa an pé ké di ayen
Sé kè an-mwen ki an toréfaksyon
Las mété-w adan   pòté-w dimansyon
San ou mété-mwen an ta-w
Kafé an-mwen sé ba-w
Anchèw é annaksyon   san omisyon
Pa di ayen two lwen pa bon.

12
Gran Chimen Gran Zorèy

Ni sé ni   pa ni sé pa ni
Nòz tini   sa ou vé tini
San tini   sa ou pé tini
Ké tini sa ou vwè   ou ké tini

13
Bonmaten-La Kafé

Lawozé a jounou pou
On gwo bo kon chak jou
É gout dlo sanm sa ka jwé kristal
Anplen kè a on kayé konsa
Résital atmòsférik la touché tè
Sé on pwòptaj kò ka vin asi chak féyaj
Fè tout lapousyè sanblé atè.

14
Pòl Lòtbò

Alè-la nou k'ay kon boukèt
    si chajé dèpi lanné é lanné
Si ou pa'a maché douvan   pa maché dèyè

15
Marisimòn

Mwen pa éfésé sa nou té di
Oséryé   si ou séryé   an séryé
Ès fo wou-maké sa nou té di
Oséryé   si ou séryé   an séryé

16
Kalanjé

Tout lanmou-la la alapliralité
Chaspann ay anmitan kè a kalité
Méné-vini sa ki chayé-mwen alé

Tout lanmou-la alapliralité
Tou ka fè ganm bèl bijou
ansanm-ansanm
Ka pou konpran
Ka pou kenbé
Ka pou katbandé

An mòso tèt a pyé-koko asi Vénis   san paréyo
Lavi-la cho   ka vini ho   épi on bo
Simenm-lasa
mwen sé mwen ki vlopé kò a-y kongoliyo
Santiman fò   ki touché-pran-y   chayé lanmou
asi Vénis   san paréyo
An swé a bo   nou chapé an kanno
an syèl san bout
ka gidonné owa zétwal
pliralité a lanmou-la

17
La Lakonsa

An touné dé fwa é woutouné
An pa konnèt ni pyébwa, ni chimen-kòsyè
Sa an sav ka gadé-mwen olwen ka gadé opré
Lèspri-la néyé-mwen an tè a maléré
Malédisyon a-yo
        jan yo yé
      pé ké jan
             lésé-nou
                  konnèt
                        la nou yé
                        ka nou yé.

18
Blouz Ka

An jé a limyè ka goumé rèd
P'on figi pa'a di
Ou sé moun lannuit
Tan mwen sé moun gran jou
Sé noumenm nou pa ka rikonnèt
Chèché on jan-yé tou dégizé
Las lésé-nou alé san déviré
An tout dèmen sitadyé

19
Si Ou Kè Ni Plim Ou Sé Zozyo

I la, an ka vini
Padavwa an tini
On biten avwè épi bonè a-y
An pé ké mèt chanm a-y an simityè
An pa mové fèy a bwa
Si padavwa kè an-mwen pa dòktè

    I la, fè'an vin
    Pou mwen mandé on padon endélébil
    Pas an ka sonjé ti zyé pwazénwa a-y
    F'an gadé on òwkidé volé
    Kon plim lè van lévé
    Lwen lwen i té touché
    Anba chapo bakwa a syèl blé pèd la

Atann... atann...
I la, an tou ja vin
Pas afòs pléré ba lalin
Lalin pléré ban-mwen atou a li
Épi dlo piwman béni a zyé a-y-lasa
Étenn tout difé ki té pran
An nich an-mwen, la tini bèl antèm
Pou santinèl a lanmoun té vin rété doubout
Wousiflé lapé é lagérizon.

20
Chouk A Kò

On chouk a kò
Venn é dévenn
Pèsé asi koté
Pann é tombé
Atè kon vètè
Tasé kon chivé
Féré ki sa yé
Koupé ki sa yé
Gyòk wouyé
Doubout pikan
Kenbé woukenbé
Mil fwa santiman
An siwo-san ka koulé
Pléré Manman maléré

21
Bokantaj

Anlè-la ban-mwen liv a-w
Fè-mwen konprann ékriti ki an zétwal
Anlo pyé-bwa pli ho ki mwen
Yotout ka viv pli lontan ki mwen
Yo pa twonpé-yo la yo mèt pyé a-yo pousé
An ka palé ba-yo kon an ka palé ba-w
Délè yo ka kaché kò an-mwen
Men ou tousèl ka vwè-mwen
An las chèché adan-w
Chak mo an-mwen konyéla vin mélé
On ti sign a kolibri antrè syèl é tè, i pran syèl
An vwè-y fè-mwen pa oubliyé ou la anlè-la
Ou fè-y pran zèl la démélé-y
An kontan vwè kijan zétwal i ka sisé kon flè

Ès an pé tini atribi a on machann flè
Senp é bon kè
Pou mwen sòti anba bwa
Tout pawtikilarité ka pwotéjé
Si tin sa anlè la ou yé la
An vé li-y lè an ka gadé-w
Épi bokanté évè toutmoun owa an-mwen.

22
Andingotravè

Toupatou é tou natirèl anmenmtan
Pran balan kréyé lavi
Épi lapli asi latè   maten, midi, é swè
Sé on menm tan a siklòn ka vin swété 'an bònnui
Swété bònnui a toupatou é toukoté
Tout foto ja mouyé   éfasé   ou pèd koulè
Sèl lanmémwa an-mwen pa'a pran dlo
Alòs rèv-la ka nawolé pou i sòti adan lanp mirakilé
A pa brilé Papan-moun brilé
Hak pé ké fè pòf ! douvan an-mwen
                          pou pati kon lafimé
An van a tan-la ki ka touné la
Épi lavi ou swété é ou révé

Sa ou vé yenki gadé-y men fè-y dabò
Hak pé ké défè-y   sé lanmen an-mwen-lasa é ta-w
Ké pòté fèy   kon grenn a bwa
Pou doubout toupatou é toukoté

23
Gran Kaz-La

An ké la akoté a-w
Menm pou adékwasyon
A rido ka mayé mil koulè an zyé a kaz-la
Asèlfen ou santi sa ou ka viv
Ou pé'é bokanté épi lannuit anizèt a linivè-la
An pé'é bokanté épi gran jou siwo a prin-sitè
Otan gou a-w ka woupati épi bwi a tanbou
Fò chaklè ou voyé on mésaj anlè lanmè
                             ba manman dlo
Voyé on mésaj an syèl osi san rigrété papa bondyé
Wouplanté dékò-la toulitan an kè an-nou
Lésé rido-la boujé, pa boudé awkansyèl an kaz-la
Si ou étenn limyè-la sé nou ki pé ké vwè klè

Nou ké konnyé pyé an-nou ka maché malè si malè
Jis a kontré bèl dlo alavandé
Lavé ba-w é ban mwen
Wouban-nou on salon a tizann
Byen pwòp an zyé a kaz-la.

24
Chantrilyé

An pé jiré-w kon jiré-w fèt !
    Démonté on chaplé kriyé lanmou an-mwé !
Alè pou alè pou an dézawmé-w
    Ponm kannèl la byen joufli
    Men i pa pi ba-w   si i pa ta-w !
    Ka ki ta-w ?
    On péché a sou wouj an men a dyab-la
    Ou sousé-y an nich a foumi plen savann-la
'chyé ba-w !
    Ka ou ka chèché   ka ou vé plis an tini
    Ou pé pa kontanté-w épi sa ou ja tini
    Ou vé ay pòté soup a-w jou an montagn-la
    Pou ou ranpli men a-w   touché gwo sou

Vant a-w ja pèsé, é an sav ola
Vètè ka sòti konsa, sèpan ja pran ta-y
Sé-y ki ba-w men sé-y ki voyé-yo
An pé jiré-w kon jiré-w fèt !
    Ou kriyé mwen chòv-sourit a kachotri
    Men an pa'a dòmi tèt anba
    Yonn tann-vou a midi é vwè-w a minui
    Lannuit a-w pa doulè an-mwen
    Sav zantray an-mwen ka fè chaplé
    Ponm kannèl la byen joufli
Lésé-mwen alé
    An konnèt bonè a yèpasé,
        alè ki la, é dèmen ki ké
Tan-mwen tou senp épi rèspé antout dinyité.

25
Sofi

Tèlman lidé lè an ka gadé-w
Tèlman mofwazaj ka méné pli lwen
Anmendimtan ka vin plipré
Chak koté ka pòté on non
Men ta-w ké toujou ni mwen
Kon tan-mwen enmé-w.

26
Van-la Touché Clòch-la Ondòt Jan Sonné

Van-la ka kèsyonné toupatou
Sivantfwwa i tou dou
Afòs chèché i pé vin tou sou
Afòs pa touvé i pé vin tou fou
    An kon van-la toupatou
    Ka kèsyonné toupatou
    Souvantfwa an tou dou
    Afòs chèché an pé vin tou sou
    Afòs pa touvé an pé vin tou fou
An Alizé, an fèt, é an siklòn
An fwèt, an tyèd, é an cho
Nou fè lantou a latè
An pa pozé kèsyon pou hak

An sé van lévé
An wouvè zorèy an-mwen gran
An gadé syèl-la an dé zyé
Van-la monté, pli ho ki pyé koko
F'an vwè sik an farin an té mélé é difé
           Sé on van a lèspwa ki vanté
            Mét'an sizé pou konprann manti
                          a tousèlté
            Di-mwen bon van an-mwen
                      an-mwen-la
              An pa foukan wachi-wacha
              Bon van ! An-mwen an-mwen-la
An jis vini ka pozé kèsyon

Ka ki mwen   ka ki vou   ka ki nou
Anplen Karikéra kon toupatou
Ka ki mwen   ka ki vou   ka ki nou
An van-la
Ki van ka chayé-nou alé ésala
É ès tin yonn ké méné-nou rètouné

27
Annou an-nou !

Ou las f'an tann on bèl ti vwa.
Ou las di mwen vini mwen la,
Chanté marèn a venn an-mwen.
Touvé chimen andidan an-mwen.
Vibrasyon-la jisla, an ti noyo sèl ti batri.
An tini on chéri, é a pa on maladi
Baton a majorèt ka volé anlè.
I pa'a tonbé atè lèwvwè ou préparé.
Sèlman sonjé jou dimanch la,
On maten tou blé konsa,
An té siflé dé fwa é sété mwen ou gadé.
Ou las f'an tann on bèl ti vwa,
Ou las di mwen vini mwen la,
Chanté marèn a venn an-mwen.
Touvé chimen andidan an-mwen.

28
Maké Daté

Jé apa, en ! Té tini onpil trèt
Jé ou pa jé   a pa dé ki pèd kò a-yo
Sé lanmou ki pèd séryé a-y
É a pa on raza a on kout jé grenndé, en !

Sé tandrès épi karès
Prézans épi rakontaj
Pou lavi pa pran plis blès
Fè douvan é pa fè dèyè

Tou onèt é on limonnad òwdinè
I té kasé an sik ka kyouyé moun
Kon ladérisyon ka konnyé asi on vyé fèblan

Tou malè rèd   a konblé kon chimen rèd   a touvé
Sé on ravin ka pléré a Bazil chayé alé

Sèl lanmou ki tini pou lavi dinivi
Sèl lanmou ki tini a montré   ti bèl sa bèl lavi
On sans pou i pa vin gri, épi égri

A pa pou di la i pann i sèk
Andidan plan a létèwnèl lavi
Kouman nou pé fè sa ?
Kouman yenki kouman ?
A pa dé ki pèd kò a-yo
Sé lanmou ki pèd séryé a-y.

29
Manman

An ni asi kont a kè an-mwen
Sa ou tini asi kont a kè a-w
Si an pasé vi an-mwen san konsidéré ta-w
Asiré pa pétèt senten
An pé ké a-y byen la lèspri k'ay
Pas lè pou pé sa vwayajé lè lè la rivé
Fè-w pé sa bay sa ki pli bèl asi kè a-w
Sa ki pli bèl asi kè an-mwen
Davwa sé sa ki pa'a kouté hak
Ki pa'a kout'an hak
Ki pa'a kouté-w hak.

30
Wobèto

Kenbé kò kyenn-vou an chimen-la
Kyenn-vou pa pèd vou an chimen
Sé mwen ki di-w men sé-w pou di-w
An ka kenbé-mwen
Pou mwen pa pèd-mwen an chimen-la

Ni dwa di wi   ni dwa di non
Pou pé kenbé
Byen la toudwèt   an chimen-la
Ni sa ki bon   ni sa 'i pa bon

Sav ka-w ka pran   ka-w ka lésé   an chimen
Mandé-mwenmenm, é menm voumenm
Voyé labou anjan ou yé
Antoutjan ou vé yé   sav ou asi chimen

Kenbé kò kyenn-vou an chimen-la
Kyenn-vou pa pèd vou an chimen
Sé mwen ki di-w men sé-w pou di-w
An ka kenbé-mwen
Pou mwen pa pèd-mwen an chimen-la

Ki sa ki mal   ki sa ki byen   tini tousa asi chimen
Ka ou ka fè an chimen-la
Pou kenbé dwèt   kon ou dwètèt.

31
Sofi

Baswazaj
Pou dékalké ladiférans
A sa ki bon pou lavi
Korijé mès é labitd
Pou dèmen an-nou pa
Menm biten ki jòdila
Apawsi
Jòdi an-nou ja ka
Rivé donté
Flanm ki pa'a pitité
Lagè antrè nou, lakonsa

32
San Kabwèt

Sav sa ki an kè a moun
Ki dèyè péyi-la.
Sav sa ki an kè a moun
Ki enmé bèt a-yo.
Yo ki Nèg ki ni pawòl,
Fè pawòl ki mèt tini mèt a-y.
Fè pa-w lansé on boumrang
Pou i vin konnyé tèt a-w.

Menti a mantè pa kay ponkoté,
Tou sa sé plis bab ba-w.
Annou mété kontè-la a zéwo.
Ou pa té di titim bwa sèk,

Alòs yenki météé kontè-la a zéwo
É woukoumansé,
On jès ki onèt, on palé ki bon.
Dèyè bwa ki ni bèt,
Dèyè bwa gwan jaden,
Dèyè-la la kon ou sav,
Ispò a moun sé tradisyon.
Jaden a moun sé prékosyon.
É bèt a-yo sé bèt a-yo.
Véyé jé a-w é jé a moun osi,
Pas ou pé touvé-w an vyé chimen
Konkonm san grenn osi.

33
Bik Rantran

Vin chèché santiman an-mwen
Tout la i yé séré-mwen
Paralizé an sonmèy an-mwen
Tout la i yé an yé
Menm vwayajé dèyè dòt réyalité a-y
Imajiné vi an-mwen pran koulè
Jous a fè on frèsko anho a plafon-la
Andidan gran palè a manman-mwen linivè

34
Malélivé

Tout jé pa jé
Véyé jé a-w
Tout jé ki jé
Véyé jé a-w.
        Ki sa té vwé
        Véyé jé a-w
        Ki sa pa vwé
        Véyé jé a-w.
Tout jé pa jé
Véyé jé a-w
Tout jé ki jé
Véyé jé a-w.

35
Pawlèman A Lapli

Lapli-la ja la
Ka mwen ka fè pou mwen pé bwè
Kaz-la lésé on plaka ouvè
Sa mwen touvé sé on baton kako
Adan kako an-mwen
An mété lèt épi kannèl
Adan kako an-mwen
An mété bon sik a myèl
Adan kako an-mwen
An ba-y dé fèy a sitwonnèl
Konnès an-mwen 'i konsa
Pas jodila an pa ni sitwon
Mwen 'mé chokola
Moman sizé kouté lapli-la.

36
Lè A Padavwa Òwganizé Dèmen

Ou pé'é f'an krazé
Ti ban-la nou ka pran sizé la
Ponmoun pé'é f'an krazé
Tiban-la nou ka pran sizé la
Pa lésé-yo fè-w krazé
Tiban-la nou ka pran sizé la
Ponmoun pa dwètèt fè-w krazé
Tiban-la nou ka pran sizé la

Nou pé pa pousé nou about konsa
Pé pa kasé lanmou nou ni konsa
Pé pa pran gòjèt a moun konsa
Nou pé pa foustré santiman

Andidan nou té konsi, an'n mété-y konsa
Nou pé pa anpéché-nou konnèt sa nou yé
Dépasé sa nou yé
Nou plis ki sa, Bondyé
Ban-nou sèkrè an-nou
Konprann nou
Annou konprann nou

37
Lè Pou Mèt Lè

Kouté avan i twota
Palé pa pran rita
Ou sòti té ka di sa
Lapenn pa vo
Men sa vo lapenn
Nou maché ansanm
Trapé on pannyé pwa-dibwa   é ki
Pa ni mi ta-w   pa ni mi tan-mwen
Tousa sé tan-nou   nou kouté-nou   épi
Konpran-nou   san palé   initil

38
Lèwvwè Zétwal-La An Montagn-la Parèt

Sé on vérité
Ki mérité kè a-w
On ti poézi
I ka maké ba-w
Lagliyé é nòt a mizik
On bèl mélodi ba-w
On moman ki byen gran
Ka fè-w santi kè a-w
Flo kon on plim
Antout inonans

39
Wobèto

Okazyon-la i pran la maké.

Toutan an poko alé la mwen vé,
Sé la mwen vé rivé la mwen vé.
Si sé la an ké touvé lanmou-la,
Sé la vi-la ka méné-mwen.

Kè a lèspwa ki montré lavwa.
P'on jou pa jan di-mwen orèvwa.

Lannuit tousèl chèché dòmi.
Larèn mèwvèy pa fè p'on bwi.

I vin tousèl pran konfyans a-y,
É sé mwen lachans ansourisman ba-y.

On bo ou bizou, on séjou, on touléjou
An chayé-mwen la an chayé-mwen.

Alé, okazyon-la ka rivé, maké-y.

40
Mòn A Sofi

Sé menm santiman-la an kakakòk
Men an pé ké di tin on biten ka mannyé sa !
An préyanbil an té vin, an té anvi, tèlman anvi
Men an té lésé chwa an-mwen anbout a dènyé lè.
Konprann-mwen !
Pa pran sa mal siwvwè lè-la poto rivé.
Padoné-mwen si mwen koupé ti souf a-zòt.
Misyon a-zòt pétèt pli gran,
Pétèt pli gran ki mwen bousyè,
Misyon a-zòt pétèt pi laj,
Pétèt pli laj ki tout lamoniman.
Ban-mwen, pa ni bwi.

41
Tèt Anpangal

An jwenn lanmou a pa pou on titak
Sé pou gran tan vin, alòs i vin on malèt
Rasiré-mwen tousa ka fè mirak
Dédikapé kè an-mwen an fil a lak.
An vwè on fwi mi, ou di sé wouj i wouj
Men an sèten sété on ponm-kannèl toujou.
An tann pawòl a-y dansé é bouji a-y
É i rété limé a nanm a-y lavyèj
A ! yenki vou ka di an tonbé si tèt
Men la, an ni randévou adan on tanp a ibiskis.
A Yenki konprann an pou ondòt solèy
Lévé byen nwè an syèl-la.

42
Lanné Ka Janbé

Mérité tousa nou mériré
Doubout é kontinyé
Tousa lavi ki ka rété la
An ni dé men, an ni dé pyé
Ou ni dé men, ou ni dé pyé
Ann' alé la
Ann' alé la, jous ka kréyé
Ondòt lanmou ki pa'a réyé
Annou vwè-nou jan nou yé
Kè an-nou sé on tibébé
An sonjé lévé an-nou tranblé
Tichat ou doubout pou kontinyé
Tousa lavi ki ka rété nou
Nou é nou

An tin tèt, an tin dé zyé
Ou tin tèt, ou tin dé zyé
Nou pé gadé la nou pé woulé
Nou ka woulé
Woulé, woulé, woulé

Lézanj a mil ka astiké
Zétwal éfikas toujou briyé
Anlè nou sa ké toujou rété limyè
Menm anfon a lannuit sal ki déposédé
Lavi jan pou-y té yé douvan a moun
Annou doubout é kontinyé
Pasé pa la nou ké rivé la
La nou k'alé
Mérité tousa nou mérité
Annou, annou, annou

43
Tou Blé

Ou pé ban-mwen lanmen
San chèché konjiré-mwen
Ou pé gadé dé zyé an-mwen 'dan zyé
San alé an kat chimen
Ou pé ban-mwen do a-w
An pa adan on pik a glas
Ou pé dòmi lannuit trankil
An pa on tren anlè kaz a-w
É lè maten wouvè ou wouvè pòt a-w
Ou pé ké jan touvé p'on dawaka
Ou pé palé ba moun
San chèché malpalé-mwen
Siwvwè ou vin di-mwen bonjou
An ké toujou byen réponn-vou
Ou pé viv évè mwen
San chèché anprizonné, kè an-mwen chè !

44
Lasoufriyè-la

An chimérik
Konplèksité ja gannyé-mwen
Men an pé ké ba-y adan émosyon ka vòlkannizé
Menm adan on zign-chap
F'an pèd sanfwa an-mwen
Men an pé ké ba-y adan émosyon ka vòlkannizé
Lésé kè an-mwen jwé gita
San cho ja f'an chèché traka
Men an pé ké ba-y adan émosyon ka vòlkannizé
An kouté-y évè lèspwa
Sa i fè pa ni lè chwa
Men an pé ké ba-y adan émosyon ka vòlkannizé
Anrajé-mwen i anrajé-mwen

A menm fè-mwen lévé mové
Men an pé ké ba-y adan émosyon ka vòlkannizé
Sé mwen ki konsa
Fè on réyaksyon
Kyouyé émosyon
Otopsi a émosyon
Jénérasyon dégradasyon
Kontwolé jès andidan
Andidan-andidan an-nou
Entensyon a lèdmannyè
Pou nou pa on blès
A émosyon an-nou.

45
Ritounèl

Kisa an ka suiv an di
Katastwòf-la 'i an kè an-mwen-la
A pa asi on pwent a zégui   an ké éséyé fè lékilib
Tann moun pé péd kaz a-yo
Tann moun pé pèd tèt a-yo
Tann moun pé pèd lanmou a-yo
Men, yenki ban-mwen tibwen fil   épi zégui a-w-la
An ké éséyé woufofilé lavi a-w-la
Padavwa la nou yé la sé on kòlòs a paradi
Bondyé ban-nou-y san manti

46
Sentann

Pa tini lizin ankò
Grandè a chak doudou
Grandè an chak bonjou
An kawousèl a lanmou
F'an fè on karé gran gou
An kolyé ki ni on chou
A fèmé on ti zyédou
Karamèl é on sik ki dou
Doudou an-mwen pòté lanmou

47
Opipirit

ka ki fo-mwen la mwen yé ki fo-mwen
davwa sak vid pa ka rété doubout
ki nouriti an kò an-mwen ki an tèt an-mwen
sonjé   sé on manman ki lévé-mwen
sé on doudou ka f'an plis santi enplikasyon
a bondyé   si an ka fè pou nou réyisi
               on kè ki pli gran
an lanmou a lavi é lanviwonaj a valè a moun
planté lonbrik an-mwen an lanmémwa ansèstral
pondòt bwi pa chèvwoné lèspri an-mwen
toutmoun pé di   mwen ansonmèy men
lè an ka dòmi an kabann an-mwen
an pa'a tann mò ka palé   pas an vlé maché
zyé wouvè é larézon akoté an-mwen san tanpi souplé

48
Woubonjou

Lanmè-la ka maché an blé.
Konté chak vag ki san soulyé.
Kitan ou ka vin koté an-mwen ?
Pou kyenn lanmou fò pa ou rété lwen.

Fon a pawòl rèd a rété sanblé.
Chak ti mo jis vin démakiyé
Anlè plaj a-w, kasé on sabliyé,
Sé lanné é lanné nou ja oubliyé.

49
Longan A Basinyak

Doudou, ou la ?
Wè, an byen
Mi on boula
Kasé léren
        Nou pé ké jan bay tout
        Nou pé ké jan di tout
        Ès fo lésé pou dèmen
        Fòsé ondòt chimen
Doudou, ou la ?
Wè, an byen
Mi on boula
Kasé léren

On trètman kabaré
Ka dansé laswaré
On ti fwi pasyonné
Pou mwen mèt anba né

     Doudou, ou la ?
     Wè, an byen
     Mi nou ni on boula
     Sé pou kasé léren

An sonjé-w madmwazèl
Anbomé tout kannèl
Mélanjé on chandèl
Nou k'ay volé lézèl

Doudou ou byen la
Mwen tèlman byen koté a-w
Ti boula-la ou lévé la
Kasé léren plis

                Kè an-nou an tiraj
                Ann' lésé on ti flè ki sovaj
                Rété anlè niyaj
                La nou tin on bèl ti plaj.

50
Oswè A Senfranswa

Ja mèt vi a-w an danjé
Katastròf ja rivé
Men tèlman fwa ja pwouvé
Fè pa ou blésé, non.

Ja mèt vi a-w an danjé
Katastròf ja rivé
Men tèlman fwa ja pwouvé
Ou byen pwotéjé, oui.

Riské lidé pou byen a-w
Fè pa ou blésé, non.
Défann lidé a-w pou vi a-w.
Ou byen pwotéjé, oui.

51
Apré Blaf-la, Woyoyoy !

Anbenn-anbenn
    Ka bat gaz asi on frè, asi on sè
Anbenn-anbenn
    É fè-w konprann i sé moun a-w
Anbenn-anbenn
    Pran dégizman ka wélélé kon frè, é kon sè
Anbenn-anbenn
    Pa jan dòmi épi lidé a frè é sè

    Pas avan tou prèmyé kokiyoko
Anbenn-anbenn
    Sété trayi lanmou a frè, lanmou a sè.

52
Tonbé Dé Zyé

Pon-la two flègèdè,
Moral-la pé ké pasé.
Si fè tan pran kourandè,
Asiré kitan sa ké ratrapé
Tout tèt ki ja foukan.

Kè an-mwen sové vayan,
Pou sa soulajé la alè.
Alé pa lòt koté-la,
Konprann byen tout biten fò-y senp.
Si ou pa ni rèpwòch apwoché-w.
Mété on lòd adan on dézòd,
Pou hak pa fè-w pè
Travèsé pon-la.

53
Démélé

An sonjé jan nou té yé
Jiska nou wouvwè ankò
An pa té vlé disk-la réyé mézanmi
Jantiman, kouté-y ka fè-mwen pléré

54
Sofi Sofi

Ou ja tann papal
Ou ké vwè 'skandal

55
Tou Fèt, É Bigidi

On kè pwòp ka fonsé pou fin yon lavi
Déziw a-y kontré yon alchimis
Lwen a bouwo ki tann li on vyé flè
Pou tout papa lèspri ki té vé chayé-y anlè

Érèzdibonnè bondyé pa tonbé an sonmnifè
É mwenmenm pa kontré p'on ladyablès
Davwa an pa k'ay lanmès. Yo ja mòdé-mwen an tèt
An kon momi adan molas ka sanm san enkawné laras
An ka ranfòsé lidé a kè an-mwen adan on tounan
Davwa an chapé kò an-mwen, twòp kouri dèyè lavi

56
Sakré Janpyè Kabrinòl, Va !

Lèspri chastren ka rimé tèt a moun
Kon ka rimé kè a moun, vi a moun
Si ou vé fè jé
Ay an fèt
Ay an blag
Ay é zanmi a-w
Fé jé é zanmi a-w
        Alafen, kriyé : « boul-la ! »
        Fè kon mwen an fèt a Lentésèl
            Pa fè koulè a-w sòti tou blé
                Ou tou wouj
            Pa pèd sa ki dé venn a-w

Tout jé pa jé
Ay an bòdé, men pa débòdé
Ou pa konprann, ou pé'é konprann
Tout jé pa jé
Granmoun ka palé é pa ka manké on grennsèl
O-o Masélo !
Si ou fè jé é tèt a grannonm
Ou ké fè jé é lèspri chastren alò !

57
Anba Syèl É La

Pran konsékans a sa ou ka di
Pran konsékans a sa ou ka fè
Pran konnésans a tout dérivasyon
Kon pran konnésans pa kréyé plis agravasyon

Kozé malè ki pa pou fèt
Ké pati évè nou, men ké pati èvè-w
Lèwvwè bouk-la k'ay bouklé
Kozé malè ki pa pou fèt
Ka gangrenné lanné ka vin fèt
Jistan bouk-la po'o fin bouklé

Menm on lawmé pé'é pé goumé
Asi déga a sa ou ja di

Asi déga a sa ou ja fè
Péyi an-nou ou mèt atè
Sé kè an-nou ou anéyanti
An pawòl initil ou ka kiltivé
Lè mal tann di tousa ka giyonné
É ka dékonstri on pèp ki ka éséyé vin pèp

Pa pwopajé mépri ban-nou, awa
Arété di nou mové, paré kò pou kiltivé
An-nou pa raté sa ki pòtalans
P'on fit p'on fant   P'on fit p'on fant
On lanmen ka lavé lòt sé on kominoté
Bay koko pou savon sé sa ki ka konté

58
Man Élèn Danbèwten

Ka ki ka bay fòs pou nou wouvwè-nou
Gadé zyé an-nou pou nou touvé-nou
Kon pwojèktè an syèl a nanm sidéral
Ni on dimansyon ki lwen babich a bakannal
Si tini on pwa a kè ki ni on fas anmè
On kè ka bat pou vwè on syèl a nanm enpéryal
Ka fè lajistis ka apliké an dlo béni ki pléré
Menm antout anpwofondaj an kouch nwasè
Lavérité toujou ka sòti lèwvwè i lè

59
Kwazé Dwèt

Èski sé yenki sa nou yé ?
   A pa yenki sa nou yé.
      Nou myé ki sa nou ka konprann nou yé.
         Nou plis ki sa nou ka konprann nou yé.

60
Doukou-La Débyélé Plis Ki Mwen

Si mwen té byen épi mwenmenm
An té ké sibmèwjé kò an-mwen an zé a zyé
Si mwen té byen épi mwenmenm
An té ké rèfè kò an-mwen anfwa pou-y ankò
Si mwen té byen épi mwenmenm
An té ké pran plas a pyé-lotis an dlo bondyé
Si mwen té byen épi mwenmenm
An té ké pòté-y flè blan an-mwen-la ankò
           Padon ankò é ankò.

61
Chèw Sofi An-Mwé

Kijan ou ka vwè-mwen ?
Kijan ou ka vwè-vou ?
Kijan ou ka vwè-nou ?
Asèpté-mwen asèpté-vou
                    …ében sé sa.

62
An Dékatman A Pòl, Lòtbò-La

Tout lanmou-la
Yenki lanmou-la
Toujou lanmou-la

Douvan nou
Sé pòt a-y ki limyè

Mwen vé rivé
Lawvwè ou rivè
Bondyé rivé

Didan nou
Sé kè a-y ka kléré

Anlè nou
Gay zyé a-y ka briyé

Mond an-nou
Plen lanmou pou tout lè

63
Opéyi An-Mwé

Sa ki té mèt anlè kè a-y
Sété men sal
Men sa fin pa ouvè
Tiwa a bouch a-y
Ki obò chimen
Ki anlè kabann
Tout lé dènyé tan
Avan Bazil té chapé épi-y
Li ki té adan-w té adan tout mal
Alò jistis akimoun'a
I ka vwè i pè konsayéla.

64
Marisimòn

Ka ki byen mérité
Timoun pa ti chodyè
Lèwvwè ou viré tout malè
Lèwvwè ou kenbé ren a-w séré
Lèwvwè ou pèd vou an zyé an-mwen
Pasé a janbé dlo
Ki salé ki sikré
Pa éponjé dlo   la ou vin méné-mwen
Sé méné ou ja mén'an vini

Alè i lè
    Mofwazé
        A souplè   souplè
                Wou-mofwazé

Bikatimo

Baswazé : réfléchi, kabéché, pansé

Kaynyola

1. Ékò An-Mwen   9
2. Jan Denndé ka Chofé   10
3. An lèspri An-Mwen On Zétwal Filé   11
   An lèspri A-Yo On Sèvolan Opiyaj
4. Mwen Rans   12
5. Marisimòn   13
6. Sofi   14
7. Sété On Jou   15
8. A Pa Yenki Nwasè An Gran Savann La   16
9. Gòl A Doukou   17
10. Sitwon Nwè   18
11. Bastè   19
12. Gran Chimen Gran Zorèy   20
13. Bonmaten-La Kafé   21
14. Pòl Lòtbò   22

15	Marisimòn	23
16	Kalanjé	24
17	La Lakonsa	26
18	Blouz Ka	27
19	Si Ou Kè Ni Plim Ou Sé Zozyo	28
20	Chouk A Kò	30
21	Bokantaj	31
22	Andingotravè	33
23	Gran Kaz-La	35
24	Chantrilyé	37
25	Sofi	39
26	Van-la Touché Clòch-la Ondòt Jan Sonné	40
27	Annou an-nou !	43
28	Maké Daté	44
29	Manman	46
30	Wobèto	47
31	Sofi	49
32	San Kabwèt	50

33	Bik Rantran	52
34	Malélivé	53
35	Pawlèman A Lapli	54
36	Lè A Padavwa Òwganizé Dèmen	55
37	Lè Pou Mèt Lè	57
38	Lèwvwè Zétwal-La An Montagn-la Parèt	58
39	Wobèto	59
40	Mòn A Sofi	61
41	Tèt Anpangal	62
42	Lanné Ka Janbé	63
43	Tou Blé	65
44	Lasoufriyè-la	66
45	Ritounèl	68
46	Sentann	69
47	Opipirit	70
48	Woubonjou	71
49	Longan A Basinyak	72
50	Oswè A Senfranswa	75

51 Apré Blaf-la, Woyoyoy ! 76
52 Tonbé Dé Zyé 77
53 Démélé 78
54 Sofi Sofi 79
55 Tou Fèt, É Bigidi 80
56 Sakré Janpyè Kabrinòl, Va ! 81
57 Anba Syèl É La 83
58 Man Élèn Danbèwten 85
59 Kwazé Dwèt 86
60 Doukou-La Débyélé Plis Ki Mwen 87
61 Chèw Sofi An-Mwé 88
62 An Dékatman A Pòl, Lòtbò-La 89
63 Opéyi An-Mwé 91
64 Marisimòn 92

www.ingramcontent.com/pod-product-compliance
Lightning Source LLC
LaVergne TN
LVHW040157080526
838202LV00042B/3197